moments fragile

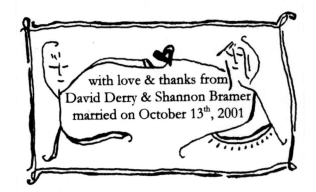

with love & thanks from
David Derry & Shannon Bramer
married on October 13th, 2001

A PICAS SERIES BOOK

2000

Jacques Brault

fragile moments

moments fragiles

translated by
Barry Callaghan

This edition is published by Exile Editions Limited,
20 Dale Avenue, Toronto, Ontario, Canada   M4W 1K4

SALES DISTRIBUTION:
McArthur & Company
c/o Harper Collins
1995 Markham Road
Toronto, ON
M1B 5M8
toll free:
1 800 387 0117
1 800 668 5788 (fax)

Composed at MOONS OF JUPITER Toronto
Cover Photograph by MICHAEL P. CALLAGHAN
Printed and Bound by AGMV MARQUIS

The publisher wishes to acknowledge
the assistance toward publication of the Canada Council
and the Ontario Arts Council.

ONTARIO ARTS
COUNCIL

CONSEIL DES ARTS
DE L'ONTARIO

The Canada Council | Le Conseil des Arts
FOR THE ARTS | DU CANADA
SINCE 1957 | DEPUIS 1957

ISBN 1-55096-511-5

This translation is for
Jeanmio Robert

le contour d'un visage sous mon visage ...
partir sans rien savoir ...

*... le sentiment qui m'est
ici familier de vivre
quelque chose d'éternel,
mais aussi d'étonnamment
fugace.*

JOSÉ CABANIS

*... The familiar feeling for me
here is of living through
something eternal,
but also stunningly
fleeting*

JOSÉ CABANIS

Murmures en novembre

November murmurs

Novembre s'amène   nu comme un bruit
de neige   et les choses ne disent rien
elles frottent leurs paumes adoucies
d'usure

Du fond de ma fièvre   nuitamment
j'illumine l'obscur

November is upon us   naked as noisome
snow   and things are silent
they wring their roughened palms
into a softness

From my fever's core   each night
I candle occlusion

J'écoute la pluie s'endormir dans la neige
et les herbes se tapir chez les morts
j'écoute aussi le temps qui me dure

Une aube douloureuse chuchote à voix nue
aube grise-glauque comme un corbeau
du froid descendu

I hear rain drifting asleep in the snow
and huddled grass at the stoop of the dead
I also hear my time's heavy lode

Distraught dawn whispers barely
glaucous-grey dawn like a crow
stooping out of the cold

Il pleuvait il neigeait   comme aujourd'hui
que faisais-je   enfant immobile   au bord
de la rue   je voyageais

Je n'ai pas touché la jointure d'hier et
d'aujourd'hui   cette pensée soudainement
s'écoule de moi comme du sang

It rained it snowed   just like today
what was I doing   child stockstill   on the road
side   skywalker

I haven't touched the seam between today and
yesterday   this sudden thought
seeps from me like blood

Soleil blanc d'un hiver hâtif tu me découpes
une ombre toute blanche

Mal de vivre   ce n'est rien ou si peu
rien qu'une branche crispée de gel
sur le trottoir   on la pousse du pied
on continue de vivre   mal

An early winter's white sun turns me to pure
white shadow in silhouette

Infected by life   it's not worth the candle
only a twig taut with frost
on the sidewalk   we boot it aside
we go on living   infected

Au milieu de ma somnolence les lieux
de la nuit se rassemblent   et tisonnent
ma patience

La neige est tombée si doucement
dans ma veille que j'ai entendu soupirer
la foudre tranquille

In the middle of my slumber sections
of night assemble   and stoke
my patience

Snow fell so softly
through my sleeplessness that I heard
dry thunder whisper

Aucune arrivée de froid ne me rejoint
dans cet éloignement   ni la vie possible
dont je n'atteins pas les bords

Un moineau troué de vent n'est pas plus
transi que ta main levée haut là-bas
touchant le vide du ciel

No cold front tracks me down
in this isolation   nor potential life's
bounds that lie beyond me

A wind-riddled sparrow is chilled
no more than your hand held high
touching the sky's emptiness

Sous cette lune si lucide   même la neige
la plus durcie ne cache pas ses blessures

Dans la stupeur du réveil je m'étonne
où donc nous rencontrerons-nous encore
timidement   mort de moi

Under this moon so lucid   even snow
cannot conceal its wounds in its crust

In my wakening stupor I marvel
where else will we meet again
shyly   death my date

La première lueur de matin ouvre
la fenêtre et m'offre   tout humide encore
un rameau de nuit

Un vent sec et coupant m'ouvre la bouche
sans bruit   et me cisaille
jusqu'au dernier silence

Morning's first light lifts
the window and offers me   drenched with dew
a nocturnal bough

A dry and cutting wind opens my mouth
soundlessly   and whittles me down
to a dead silence

Sur les pas d'une pluie terreuse je suis
revenu voir les feuilles mortes
et cette fois je suis resté   arbre
parmi les arbres

L'après-midi me sèche dans les mains
m'y laisse un visage ancien   une image
bricolée du cœur

On the heels of muddy rain I came
back to see dead leaves
and this time stayed   tree
among trees

Afternoon dries in my hands
caking into an old face   a fabrication
from the heart

Violacés comme la saison   tes yeux
je les ferme sur ma vie antérieure
et tout ce violet envahit ton visage

Neige d'un soir   épands-toi partout
brouille l'air alentour
que cette vieille angoisse qui me vient
ne trouve pas son chemin

Seasonally blue as violets   your eyes
I close them on my other life
and all that violet tints your face

One night's snow   swirl abroad
blur the surrounding air
so this old anguish gaining on me
will go astray

Sous l'étoilement du ciel   quelles vies
obscurcies demeurent bouche mortellement
ouverte

Une insomnie met sa main sur mon front
et soudain couvert de sueur blanche
quelqu'un respire à côté de moi

Under the starring sky   what obscure
lives linger mouth mortally
open

Insomnia lays a hand on my brow
and suddenly bathed in white sweat
someone beside me breathes

Ne m'approchez pas   je dors   et cette mort
glissée entre mes bras   ne la fuyez pas
elle dort

Par le blanc des rues s'en va le convoi
de novembre   ce n'est pas quelqu'un
ce n'est pas quelque chose   un bruit
de brouillard qui se cogne aux murs

Don't come close   I'm asleep   and death is
eased into my arms   don't run from her
she's asleep

Through white streets the autumnal cortege
passes   it's no one
it's nothing   a murmur
of fog bruising itself on walls

Amitiés posthumes

Posthumous affections

Qu'il est léger le vent d'automne
sur le dos des feuilles mortes
on dirait une aile de corneille
caressant un projet de lune printanière
et peut-être que le froid de sous la terre
plus jamais ne blanchira le ciel

Je n'ai jamais vu branche de muscadier
je l'imagine frêle et souple
odorante comme tes paupières baissées
quant au reste je n'en sais plus rien
comme ton nom crié dans le vent
alors que le chemin t'emportait

How light the fall wind
on the spine of dead leaves
it's like a crow's wing
toying with the thought of a spring moon
and perhaps permafrost will
never whiten the sky again

I've never seen a nutmeg branch
I suppose it's frail and supple
sweet-scented as your lowered lids
I don't recall the rest
like your name hurled into the wind
as the road carried you off

Je gravis une colline
et je m'assois solitaire
sous un ciel vide
à mes pieds s'endort
comme un chien ma tristesse

Si tu ne prêtes pas l'oreille
au mutisme des maisons
si tu ne prêtes pas regard
aux fantômes des rues
qui percevra le déclin de l'automne

I climb a hill
and sit alone
under an empty sky
my melancholy curls asleep
at my feet like a dog

If you won't lend an ear
to the mansions' muteness
if you won't cast an eye
on wraiths in the street
who'll note the fall's decline

Grand amour souvent semble aucun amour
rien ne bouge maintenant   ni toi ni moi
et la nuit s'en va jusqu'à l'aube
seule une lueur de lampe a pâli
quand nous nous sommes quittés sans bruit

Dans quel autre monde   dis-moi
dans quelle autre vie   crois-tu
la rencontre de nos silences
réveillés aux bruits du matin
et dans quelle autre nuit
ta joue ronde sous mes doigts
      lune dévêtue

Sometimes great love seems no love
now nothing stirs   not you not me
and night departs until dawn
only a flickering lamp paled
as we were quietly quit of each other

Tell me   in what other world
in what other life   do you consider
the meeting of our silences
stirred by morning sounds
and in what other night
your full cheek at my finger tips
          disrobed moon

Par les herbes pliées
sous le vent rageur
j'avance dans la nuit
et dans ma solitude

au-dessus de la plaine où l'espace
coule dans le temps
une vieille lune s'obstine
ébahie d'ombrages

où es-tu ma vie
dérivante comme une nouvelle
bonne ou mauvaise
on ne sait plus

Mon chemin s'est défoncé à bien des tournants
je songe engourdi de mille douleurs
aux amis laissés derrière moi cheminant
et les peupliers jaunis tremblent
    d'une proche frayeur

Through bent grass
under the wild wind
I enter into night
and my solitude

above the plain where space
purls in time
an old moon persists
dumbstruck by shadows

where are you my life
adrift like a squib of news
good or bad
nobody knows

The bottom's fallen out of my road at several bends
numbed by a thousand sorrows I daydream
of friends left by the wayside
and yellow poplars tremble
    at the onslaught of fear

Je touche les étangs de notre automne
qui débordaient de pluie et de nuit
je nous vois humides et taillant des tiges d'osier
sous la fenêtre muette dans l'ombre
j'écoute ta respiration qui s'étouffait
un peu parmi tant de nuit et de pluie
nous nous jurions de mourir ensemble

mais quand reviendras-tu par ici

Tu es partie comme un rêve tard dans la nuit
je reste seul éveillé face au mur
et j'entends quelque part du côté de la rivière
une oie sauvage crier de solitude

I touch our autumn ponds
that overflowed once with rain and night
I see us wet and whittling water willows
under the mute window in the shade
I hear your breathing as it was broken
by so much night and rain
we swore we'd die together

but when will you come this way again

You left like a dream in the wane of the evening
I'm wide-eyed alone facing the wall
and I hear somewhere down by the river
a wild goose calling of loneliness

Aux étoiles du matin
                    plus basses maintenant
et plus lasses   la nuit fut si longue
une chandelle redonne
                    un peu de pénombre

Tu m'écris enfin mais l'encre trop pâle
m'empêche de lire   ou peut-être est-ce
la lampe qui vacille dans mon dos
ou encore mes yeux qui s'en vont à la dérive
loin de moi   et aussi loin de toi

To the morning stars
                         fallen now
and weary   night lasted so long
a candle restores
                         a pale half-light

You write at last but washed-out ink
keeps me from reading   or maybe it's
the lamp wavering at my back
or my eyes drifting aimlessly
far from me   and you too

L'hiver dépayse les lunes
qui s'accrochent aux branches noires
et les feuilles tombées trouées
seules sont bien chez elles

Nous nous sommes revus pour ne plus nous voir

le vent d'est s'est levé soudain depuis ce temps
et un cent de fleurs se sont arrachées à la terre
et de nuits de lune froide les ont froidies
et des jours de pluie de soleil d'ennui de réveil
et des femmes et des hommes enlacés   ont fui

maintenant chacun de nous le matin
se voit seul dans son miroir

Winter displaces moons
snagged in black branches
and only tattered fallen leaves
feel at home

We only met so we'd never meet again

since then the east wind has suddenly risen
and a cental of flowers uprooted
and nights of icy moonlight chilled them
and days of rain and sun of weariness and waking
and men and women entwined   fled

now we see our single
selves in the morning mirror

La poitrine creusée de crépuscule
et pour voir le soleil chavirer
comme la nuit au fond de l'aube
j'ai cheminé seul et longtemps

parmi des tombes encore vides

Toute vide et sans plus de désir
tu chantes la vanité de nos nuits
et ton souffle sans fin se brise
contre les arbres immobiles dans la rue

au parc des retrouvailles tu sais
se promènent des herbes folles
sur l'étang nos ombres vieillies
flottent parmi les branches cassées

toute sèche tu chantes à ravir
et lucide et fragile
comme les ailes des cigales
au seuil invisible de l'hiver

Dusk sapping my chest
hoping to see the sun capsize
like night in the depths of dawn
I strolled alone for hours

among graves standing empty

Empty and void of desire
you sing our futile nights
and your ceaseless breath breaks
against still trees in the road

you know manic weeds are footloose
in the park of old encounters
on the pond our aged shadows
float among broken branches

parched you sing a siren song
lucid and fragile and
like cicada wings
at winter's blind door

Si on me demande par ici
dites que je m'éloigne sur la route
mêlant le sel de neige
au sel de mes larmes
dites aussi qu'un grand froid m'accompagne

Sous un ciel de lucioles
en un pays de chemins bifurqués
longuement j'ai marché du regard
pour surprendre une licorne blanche
mais je n'ai piégé que ce vertige noir

If they ask around for me
say I'm taking to the road
mixing saline snow
and the salt of my tears
by the way bitter cold is my companion

Under a firefly sky
in a country of forked roads
my gaze traipsing for hours
hoping to corral a white unicorn
I only caught this black despond

Laissez-moi dans la nuit
écouter la vieille histoire
du vent et de la pluie
et l'histoire d'un amour
mêmement vieilli

La marée monte et les vagues
montrent à nouveau les dents
je suis assis sur la plage
parmi des épaves à demi-rongées
j'attends mon tour j'attends

Leave me in the night
let me hear the old story
of wind and rain
and love's sweet song
similarly olde

The tide comes in and waves
bare their teeth again
I sit on the beach
among half-eaten wrecks
I attend to tending my turn

Je désire quitter ce monde
sur la pointe des pieds
comme on sort de son lit
pour ne pas éveiller les dormeurs
qui rêvent de sommeil sans fin

Quand je n'étais pas mort
j'allais de bon matin
balayer les ravines d'ombre
maintenant poussière de poussière
je prends soin de mes ombres

I want to depart this world
on tip-toe
the way we slide out of bed
so we don't wake sleepers
dreaming of endless slumber

Before I was dead
I swept early morning
shadows from the ravines
now dust of dust
I tend to my shades

Pays natal   où est-ce   un moindre mal
qu'invente la détresse

Est-ce une odeur de sapin que le profond
de la forêt murmure

Birthplace   where is it   a nagging ache
trumped up by distress

Do the depths of the forest murmur
a fragrance of fir

Vertiges brefs

Short spells

Le chant du coq me frappe en pleine poitrine
là où tu dormais   voilà des siècles

De bon matin j'ai ouvert la porte
à mon ombre   elle grelottait d'étrangeté

The song of the cock rivets my heart
there where you slept   centuries ago

In the early morning I opened the door
on my shadow   extraneous it was shivering

L'engoulevent expire dans le vent
et son cri va criant toute la nuit

On frappe à la porte   j'ouvre   une ombre
de rien passe le seuil

The whip-poor-will passes away in the wind
and his cry keening all night

Someone knocks at the door   I open   a paltry
shadow crosses the stoop

La rengaine des arbres qui se défeuillent
est-elle si triste   après tout
on ne meurt pas souvent

Quenouilles éclatées   pourrir proprement

The tired tale of trees shedding leaves
is it so sad   after all
we don't often die

Blown-up bullrushes   decay cleanly

Les champs bleuis   jusqu'au soleil
de froid s'expirent

Par ce grand froid mes lèvres bégayent
un je ne sais quoi

Iceblue fields   verging on the sun
give up the ghost

In this bitter cold my lips fumble
with the ineffable

Hiver   tu viens trop tard   songe
le corbeau empaillé de froid

Le chemin par où je suis venu
je l'ai oublié   le chemin lui non plus
ne sait où aller

Winter   you're too late   dreams
the crow crammed with cold

The road I took
I've forgotten   the road doesn't know
where she's gone either

Leçons de solitude

Studies in solitude

La chevêche aux grands yeux d'enfant
s'étonne   tout au bout du monde
voir la vacuité de ce printemps
elle ne craint pas de faiblir mourir
elle craint seulement de survivre
            à cette agonie

Souvenirs de passions me poursuivent
l'eau coule   et le vent   au loin
la grive des champs décline
avec le jour   et j'entends
se froisser les feuilles à la fenêtre
ainsi la robe d'une fille jadis

The sparrow owl with big child eyes
is startled   at the rim of the world finding
the vacuity of spring
it doesn't fear the throes the dying
it only fears surviving
       this agony

Haunted by memories of passion
running water   and wind   somewhere
the field thrush fades
with the day   and I hear
leaves rustling at the window
like the dress of a girl gone by

Le temps s'apaise la vie s'achève
soleil bas lune haute   sais pas
tout est blanc sur ma tête
la vie s'apaise le temps s'achève
un dernier jour se lève sur mes épaules
dans ma bouche un cri
muet   lampe éteinte

Vie flottante   vagues d'automne
marasme des nuages   veille
la nuit tourne autour de la maison
échos de printemps   les ormes
une aube plane vers la toiture
veille   lueur sur les draps   neige
sueur de souvenirs odeurs fades murmures
l'eau en folie   une lampe soudaine
s'allume   veille   l'ombre clouée
au mur me ressemble

Time settles life subsides
moonrise sunset   don't know
whiteness blankets my head
life settles time subsides
a final day mounts my shoulders
a scream in my mouth
muffled   snuffed lamp

Drifting life   autumnal waves
stagnant clouds   nightwatch
dark curls about the house
spring echoes   elms
dawn inclines toward the roof
nightwatch   sheen on the sheets   snow
cold sweats   insipid odour   sounds
insane water   a sudden light
is lit   nightwatch   the shadow nailed
to the wall may be me

Porte oisive   pluie passée par là
collines bougées   lunes d'eau noyées
quel chemin sinueux m'a conduit droit ici
creux d'ombre révélant le vide
et douceur d'être sans nul désir
face à face avec cette fermeture
de bois mouillé   hors de parole

Regrets et faillites   à quoi bon
m'en reblanchir les tempes
de tous côtés les feuilles s'accolent
et se séparent et se perdent
lors d'une vie antérieure
je fus par erreur un vagabond
fonçant dans l'ombre   un aboi de chien
j'écoutais parfois la pluie s'endormir
et vêtu de givre dur je demeure
debout dans une extase de pierre

A disused door   rain drifting through it
the hills shifted   moons of drowned water
what winding road led me straight to this spot
cleft of shadow revealing the absence
and softness of being devoid of desire
face to face with this clotting
of wet wood   beyond words

Cries and whispers   why bother
to tint my temples white
all around leaves collect
and separate and lose touch
in another life
I was a hobo by mistake
charging the shadows   a dog's bark
sometimes I heard rain fall asleep
and sheathed in frost I stand
still in an ecstasy of stone

Sentiers d'enfance de souffrance
je vous ai suivis pas à pas
et parmi les fils d'une eau toute cassée
je vous ai suivis ombre qu'assourdit
un soleil hérissé de glaçons
et parfois dans un déclin de nuit
le peuple des mouches-à-feux
me prêtait une flamme bleue
où dormir à l'image de la corneille amoureuse
je vous ai suivis avec même poussière aux yeux
jusqu'au bout là où l'ailleurs
ce n'est pas loin pas plus loin
qu'un gel soudain au bord des larmes

Mal étrange   visite à l'improviste
vie arrêtée   ma tête penche fleur
de pissenlit qui se dessèche
mal étrange   folie blanche
misère d'agoniser sans apparence
et friable désir d'enfance
partir sans rien savoir
mal étrange yeux décousus
brûlure à la nuque   douceur
sur la poitrine   d'une mousse humide
mal étrange   cœur clarifié
la main touche   étonnée
le contour d'un visage sous mon visage

Trails of suffering infancy
I followed you step by step
and through currents of choppy water
I followed you   shadow muffled by
a sun bristling with icicles
and sometimes during a fading night
the firefly people
lent me a blue flame
to sleep in semblance of the lovesick crow
I even followed you with dust in my eyes
to the end of the line elsewhere
it's not far no farther
than a sudden frost close to tears

Strange pain   surprise visit
stalled life   my head wilts bloom
of dandelion drying out
strange pain   white lunacy
the burden of dying without fuss
brittle childhood desire
to end by knowing nothing
strange pain unhinged eyes
the nape on fire   softness
on the chest   of damp moss
strange pain   purified pulse
the hand feels   surprised
the shape of the face beneath my face

Images d'un amour amer
s'assemblent   neiges muettes
et qui jonchent l'étang noir
de crocus granuleux comme l'angoisse
où je m'acharne près d'un visage perdu
c'était il y a mille ans   douleur
mal endormie   vieilles plissures
d'un ciel fatigué   maintenant
le vent froid me chevauche les épaules
et je pousse un soupir où grelotte un rire léger

Dans la maison de nuit je rêve
d'une licorne que hante le grésil
j'efface l'estompe des montagnes
et par les avoines cassées s'en vont
nulle part les ailes d'un canard fusillé

Images of acid love
gather   mute snows
strewing granular crocuses
over the black pool like distress
where I labor near a lost race
it was a millenium ago   pain
slept unsettled   old pleats
in a weary sky   now
the cold wind straddles my shoulders
and where a light laugh shivers I breathe a sigh

In the house of night I dream
of a unicorn haunted by drizzle
I erase the mountain stumps
and through mown oats the wings
of a wounded duck brought to a halt

Vous n'aurez toujours pas compris
quand vous me viendrez visiteuse
à quel point mon royaume était péri
et leurrée la plainte du loriot

Amarrant sur la rive d'un néant
je ne vois que pluie solitaire et reflet
des eaux ensablées   mon amertume
glisse dans un espace supplicié   on dirait
qu'ici s'annulent dehors et dedans

You won't understand any better
as a refugee taking refuge
how badly broken my kingdom was
and how foolish the oriole's lament

Moored on the shore of nothingness
I see only solitary rain and reflecting
sandy waters   my grief
slides into condemned space   it looks like
concave and convex are canceled here

Presque silence

Almost silence

Sur le tard n'aimerai que la quiétude
dans les yeux d'un vieillard boirai la source
qui coule de sous une terre très rocheuse
à ma ceinture se nouera un peu de pudeur
comme un aveugle qui chante le soleil
la fatigue laissera mes os tranquilles
une bonne lenteur dormira sous mes paupières
quelle sera donc alors la fragilité de vivre
en brouillard de mémoire poussière de paroles
avec une existence sans contour ni désir

Une chenille hirsute dans la mousse
cherchera le chemin de l'immobile
et me souviendrai   dans les fours on cuisait
le pain les enfants   la farine et le sang
des mots simples viendront et soyeux
comme la hulotte pour dire l'horreur
des hommes   les brisures du temps
les orbites creusées de crimes
et les sales lessives de l'oubli

Late in life I'll love only quietude
quenched by the well in an old man's eyes
streaming out from under a land of rubble
a touch of decency will cling to my belt
like a blind man who canticles the sun
lassitude will leave my bones alone
a fine stillness will sleep under my lids
what then will fragile life mean
in a fog of memory ashes of words
in an existence lacking shape or sap

A woody caterpillar in the moss
will seek the road of stillness
and I'll recall   bread and children we cooked
in the ovens   flour and blood
simple words will come and silken
as the wood owl to speak about the outrages
of men   the fissures of time
the orbital tunneling of crime
and the soiled linen of forgetfulness

Comme un amour qui vient au néant
m'emplirai la poitrine d'un souffle naïf
descendrai de la montagne avec le froid
bruirai parmi les grillons frileux
et par un lever d'étoiles hâtif
m'éloignerai de ma dernière blessure
m'allongerai couleuvre de soleil fraîchie
entre les herbes dures laisserai sur ma bouche
se poser ta nuit   paix impénétrable

Like love coming to a dead end
swollen with infantile hope
I'll carry coldness down the mountain
clattering among the shivering cicadas
and once stars shine in haste
I will shed my last wound
supine sun snake refreshed
in the coarse grass I will let your night settle
on my mouth   impenetrable peace

*Rien qu'un instant
j'ai voulu me reposer ...*

SAIGYO

*... pour reprendre
l'école buissonnière.*

MICHAUX

*"I only wanted to take
a little time out ...*

SAIGYO

*... back to skipping
school in the woods.*

MICHAUX

AGMV Marquis

MEMBER OF THE SCABRINI GROUP

Quebec, Canada
2000